SANDBURG

Johanna Jesse-Goebel

DU HAST MICH GEFANGEN

AN MEINEN ENKEL AM MORGEN

kaum erwacht
heften sich deine
augen an meine

springt mir deine freude
kopfunter ins herz

wirfst du
deinen mund halb geöffnet
das netz aus
und ziehst eine ladung
voll küsse an land
die wir still verkosten …

du hast mich gefangen

für immer bleib ichs
und gern

ACHTMONATSMUT

nicht rauputz auch tisch und stuhlbein nicht
bremst deinen forscherdrang

flink wie ein silberfisch
robbst du von hier nach dort

hältst plötzlich inne
das augenpaar suchend

bis du sie findest
die sichere brücke

lachst auf
und wirfst dich erneut ins feld

LAUTLOS DEIN LACHEN

suchlichtern gleich deine augen blitzblau
abtasten die gegenden meines gesichts
gehn vor anker
aufleuchtet das deine

spielst du auf den lippen
mit offenem mund
lautlos dein lachen
bis lebenslust aufsteigt
glucksend aus tiefen

so schenkst du dich
mir im moment
und der welt

CAREPAKET

wer schellt?
ein paket!
sei still
es schläft
legs aufs fell
und packs später aus

kaum abgelegt
flattern die marmornen lider
zuckt leise der mund
im anflug des lächelns
streift sanft mich
die warme hand

PFIFFIKA

mit der klugheit deiner vier monate
weißt du was tun
wenn du müde bist

kaum im körbchen
ziehst du dir den schlafhasen
weichseitig übers gesicht

seufzt auf und
versinkst im traum
lächelnd dann lockst du uns
ins paradies

SANDBURG

knietief im schlamm der bauherr

unter der hand
wächst die stolze burg

alle pläne der väter
im sinn formt der nachfahre
wortlos das kühne gemäuer

schweißperlen
zieren die zinnen
als endlich der mächtige
graben die festung vollendet

einzig das meer hat ein recht
die unwiederbringliche
pracht zu verschlingen

ÜBER ALLE SCHATTEN HINAUS

„ich bin auf der erde groß geworden"
sagte mein sohn und zeigte
auf seinen schatten

furchtlos durchschaute er seine zukunft
drehte sich um und ließ
alles hinter sich

wieder zur sonne gewandt – noch ist er klein –
wächst seine freude zu sein
über alle schatten hinaus

DIE MILCHSTRASSE IST ÜBERFÜLLT

DIE WÄCHTERIN

weil sie den morgen gegen
die dämmerung glaubt
findet die amsel
bühne und lied
im mass zwischen
himmel und erde

MORGENS HALB FÜNF

amselchen
madamselchen
ich liebe dich
und freue mich
weil du mich störst
und nicht aufhörst
mit deinem krach
wenn ich viel früher
als gedacht erwach
aus meiner nacht

PIGNA [*]

heimlicher sängersitz
jeder platz eine bühne

das blau deiner läden
gibt den ton an
wenn wir uns von deinen stufen
leiten lassen
um musennester zu heben

pünktlich am abend
zur tarte tatin
zieht der mond
an der schnur überm berg
den vorhang zu

*Künstlerdorf in der Balagne Korsikas

KALAHARI WINTERNACHT

der letzte sonnenstrahl
zündet die sterne an
so viel mond
sein fuhrpark
erscheint überm südkreuz
wagen für wagen

die milchstraße ist überfüllt

am horizont fallen
schon sterne runter
wir sammeln sie auf

unser feuerholz
für suppe und tee

POLYPHONIES *

sie singen sich selbst
ihre lieder sind perlen
gewachsen aus dem schmerz der auster

    wenn du ihnen lauschst legen sie sich
        reihe für reihe dir um den sinn

            auf dem heimweg
            gehst du gebeugt
        in ehrfurcht vor ihrem schicksal

* Die polyphone Improvisation ist typisch korsische Gesangstradition

ALPIRSBACHER KREUZGANGKONZERT

mit zustimmung der amsel rührt
die viola d'amore den himmel zu tränen

die sintflut befürchtend fliehen die gäste
vom garten zum sicheren kreuzgang

selbst meister mozart gelingt es nicht
sie zum tanz zu bewegen

doch in den tropfen am leeren stuhl
in der stille danach tanzt kerzenlicht

ORANGE WAR UNSRE ERSTE LIEBE

VERHEISSUNG

wenn du am ende des sandigen pfads

die eingefahrenen gleise kreuzt

tauchst du in ein meer von

aquamarinen

smaragden

topas

lapislazuli

FEUERFÄNGER

zwischen den trümmern
unserer worte
suchen wir
nach dem bild
unsres anfangs

wenn wir nur
einen splitter finden
der wieder feuer fängt
wird aus der asche des alten
ein neuer anfang

SEPTEMBRE EN CORSE

die sonne lächelt
nimmt's nicht mehr genau
malt fröhliche falten auf reife gesichter
schiebt teilzeit und
sie verschläft schon mal

ihre anbeter sind den kindern gewichen
die bauen beharrlich am paradies
und sie überlässt das feld
immer öfter dem herbstwind
der's jedesmal in sich hat

ORANGE

war unsre erste liebe
lädt ein uns mit blick ins üppige grün
die ernte im alter vereint zu genießen

DIABOLOG

was immer du sagst
erzählt von dir
weiches und wüstes

          wie alles
      was ich dir sage
    von mir erzählt

vielleicht wiegt am ende
   das ungesagte
    am meisten

BITTE AN DEN ESEL VON JERUSALEM

lass uns wenn wir betagter
untragbar werden verbunden mit dir
langmütig bleiben und heiter

weil doch der eine
die uns vormals leichte last
trägt

IM EINFALL DES LICHTS

MEIN GLASHAUS

licht fließt vom dach und aus sieben fenstern
tagsüber findet sich sonne ein und nachts der mond
mein vorrat für düstere zeiten

ich sitze und spiele und werfe mit farben
mit worten mit tönen
kantige steine von wand zu wand

im licht wachsen brücken aus glas

ich komm dir auf einer entgegen

KALEIDOSKOP

im einfall des lichts kommt farbe ins spiel
aller ansichten aus einem kern

zersplittertes findet sich
blüht neu geschaffen

im einfall des lichts

LANGSAM

vielleicht

wenn wir der schnecke
die zwischen schwelle
und tor unsres hauses
haustragend reist
folgen könnten

vielleicht

wären wir im
hinausgehn
hand am tor
nicht schon
unbehaust

RATSUCHEND

flickfäden unterwegs aufgeklaubt
lege ich zögernd vor dich auf den tisch

du sinnst den farben nach
tastest den stoff
weist mich behutsam auf meine spur

wiedergewebtes vergessenes muster
stückweise trag ich mein wunder nachhaus

ZUGEWANDT

warten bis du
deinen schleier hebst

so weit oder wenig
wie du willst

und bleiben
wenn er fällt

RÜCKSICHTSLOS
STEIGEN WIR AUF
ZU DEN STERNEN

HEIDELBERG 2012

liebend verliert sich mein herz hin und wieder
geht aus und suchet nicht bis es mich findt

immer das glockenspiel übt treu und redlichkeit
kündet uns gaude amus igitur

frühstück bei schafheutle füllt uns mit fitness
drüber die orgel streut glasperlenspiel

mitten im blitzlichtgewitter am kornmarkt
lächelt madonna stets steinern uns zu

über ihr thronen die mauern des schlosses
unter ihr blühn mauerblümchen ins bild

im philosophenweg lehrt uns das bänkchen
ahnengeschichten still lauschend zu traun

abends im innenhof plätschert der brunnen
während wir tafelnd und zechend zergehn

alles pack ich in den ledernden rucksack
und bring mein herz an den rechten fleck

FREUNDIN

dein stichwort das ticket
zur zeitreise im ballon

rücksichtslos steigen wir hoch zu den sternen
beflügeln einander mit unsern geschichten

die sind für den heimweg
der fallschirm

THE KING'S SPEECH *

steinschwer liegt ihm das herz auf der zunge
unsagbar das wort seines anfangs

doch langsam im anblick des liebenden
lösen sich worte die heilen das herz

und er singt das lied seines anfangs

* Rede von George VI (1938)

ENGELTANZ

lautlos schneist du mit lichtflocken rein

fährst mir in die füße

löst meine last

und so tanz ich mit dir meinen tag

NACHGERUFEN

vor deiner welt hast du deine augen verschlossen

doch nicht in meiner wo du bist

und bleibst und mich anschaust

bis ich vor meiner welt meine augen verschließe

Das liebe Leben hat gesiegt

VORBEI DER SPUK

ein riese kam in meine nacht
im schrecken blieb ich stecken
doch dann hab ich mich aufgemacht
das rätsel zu entdecken

grau die gestalt und schwer der schritt
sein blick im haar verborgen
ich ging auf seinen spuren mit
bis in den frühen morgen

was ich im dämmerlicht erkannt
konnte ich erst nicht fassen
flach war der rücken wie die wand
nur hälfte seiner massen

ein wandbild hatte mich verwirrt
es wich aus meinen räumen

und ich – ich hatte mich geirrt
ihn groß – mich klein zu träumen

ZUM LEBEN

deine gedanken weben sich zum teppich
und sie heben mich empor bis hin zur
klaren sicht ins licht

ganz leise fang ich an zu singen
im kreise meine glieder schwingen
viel leicht und lastlos tanzt
mein tanz mich ganz

hell ist der raum und weit mein blick
das liebe leben hat gesiegt
leblos der zaum am boden liegt und sieh:
mein teppich fliegt!

KLEINE HERBSTAUSKEHR

strähne für strähne wäscht der bach
sein haar unterm fließenden wasser

die birke verspricht goldnes vom himmel
setzt leuchtend der fliegenpilz sein signal

mitten in all diesen wundern das kreuz
und ich unterm zärtlichen blick meines herrn

ENGEL

vielleicht
weil sie gott
so ähnlich sind

lauter licht das uns blendet

haben wir scheu
zu empfangen
was vor uns
in uns war

und doch durch uns
zur welt kommen will

DER KLEINE KÖNIG

lebenslang lief er
hinter dem stern her
zog es ihn sehnlich
zum großen könig
hat sich geschunden
und nichts gefunden

doch als im sterben sein auge bricht
schaut er seinem könig ins liebe gesicht

das war sein geschick
das wäre mein glück

JOHANNA JESSE-GOEBEL, 1950 in Marburg/Lahn geboren, war zunächst als Lehrerin in München und Umgebung tätig. Sie arbeitet heute freiberuflich als Lebensberaterin, Supervisorin, und in der Erwachsenenbildung.

Seit 1979 wohnt sie mit ihrer Familie in Mülheim/Ruhr und begann dort während der „Familienzeit" zu schreiben.

1989 erschien die erste Veröffentlichung „Zwischentöne" mit ihren Texten und Radierungen von Herbert Grabowski in der Reihe Literarisch-Graphische Blätter der Edition Pongratz.

„Sandburg" gibt Einblick in ihre Werkstatt seit dieser Zeit.

IMPRESSUM

Herausgeberin: Johanna Jesse-Goebel
www.jesse-goebel.de

Texte: © Johanna Jesse-Goebel

Layout: Miriam Grabowski

Fotos:
Seite 3, 18, 32 © Johanna Jesse-Goebel
Seite 46, Pexels
Seite 59, Engin Akyurt
Seite 70, Logga Wiggler
Seite 83, Martin Sach

Erste Auflage: 1.000 Stück

ISBN 978-3-00-064965-3